CONSIDÉRATIONS

SUR

LES ÉLECTIONS

PROCHAINES.

DE L'IMPRIMERIE DE PLASSAN,
RUE DE VAUGIRARD, N° 15.

CONSIDERATIONS

SUR

LES ÉLECTIONS

PROCHAINES.

PAR J. M. BERTON.

A PARIS,

CHEZ ALEX. EYMERY, RUE MAZARINE, N° 3o.

ET DELAUNAY ET PÉLICIER, PALAIS-ROYAL.

M.DCCC.XVIII.

CONSIDÉRATIONS

SUR

LES ÉLECTIONS

PROCHAINES.

C'est pour la seconde fois que la loi des élections va s'exécuter. Quelques Français paraissent attendre cette nouvelle épreuve de la plus libérale de nos institutions avec inquiétude; l'Europe, plus juste, l'attend sans doute avec confiance. Dissipons l'une et justifions l'autre; et si ce que l'Europe admire de notre constance au sein des revers, de notre dévouement aux principes d'ordre et de liberté, qui seuls peuvent assurer aujourd'hui la stabilité du trône et la prospérité nationale, n'a rien de chimérique, prouvons que, fidèles à ces sentimens, nous saurons donner à la France des représentans dignes d'elle.

A l'entrée de chaque session législative, l'on n'a cessé de répéter jusqu'ici que nos députés ont à remplir la tâche la plus importante, et que le choix ne pouvait être plus heureux; cependant, que d'espérances déçues! Je crois en deviner la cause: l'on a toujours jugé de l'excellence des choix à travers un prisme dont les couleurs varient à l'infini. je veux parler de l'esprit de parti, qui toujours trouve le meilleur ce qui s'accommode le mieux à ses vues: ainsi la législature de 1814 devait faire le plus grand bien, selon le ministère *Montesquiou*, parce qu'elle se composait des muets de Bonaparte, et la France ressent encore les déplorables effets de la conduite qu'elle a tenue. La Chambre des cent jours devait sauver la patrie, suivant les ministres de cette époque, et elle ne parvint à ce but, grâce aux Lafayette, aux Dupin, etc., qu'en forçant Bonaparte à l'abdication. Celle de 1815...... je me tais, le 5 septembre l'accuse. Celle de 1816 offrait un espoir moins chimérique; nous lui devons la loi des élections et la suspension de la liberté de la presse. En faisant la part de la reconnaissance et des éloges, on trouve dans la première loi tant de germes de félicité publique, que l'on n'ose censurer sa malheureuse facilité à consentir d'autres lois si funestes. Dans la Chambre de 1817, plusieurs députés ont proclamé à la tribune des principes que la France esclave n'entendit jamais ; et, en lui montrant les plus zélés défenseurs de sa liberté, les protecteurs de sa constitution les plus éclairés, ses députés les plus opulens ralliés autour de la Charte, ils ont indiqué au ministère où il devait chercher désormais sa majorité ; cependant la Chambre de 1817 promettait beaucoup et a tenu peu.

D'où naît cette différence entre les espérances et l'évènement ? De ce que dans l'ignorance de ce qui convenait à l'état actuel de la France, l'on a laissé tout à faire dans les élections aux ministres qui n'ont applaudi qu'à leur ouvrage. C'est donc cet état qu'il faut mettre sous les yeux de tout électeur ; ce sont les plaies de la patrie qu'il faut découvrir aux hommes chargés de les cicatriser et de les guérir.

CHAPITRE PREMIER.

Sur la situation actuelle de la France.

§ 1. *Des Finances.*

La discussion du budget est la grande affaire du gouvernement et le devoir le plus important de nos députés. C'est le creuset dans lequel sont éprouvés les services des mandateurs du peuple. Voulez-vous donc connaître quels hommes ont bien rempli leurs mandats, quels autres ont sacrifié la chose publique à leurs vues personnelles, consultez la discussion du budget, et guidez-vous d'après ses résultats. J'évite les personnalités, et j'entre en matière.

Nos impôts sont hors de proportion avec nos ressources, et aux charges ordinaires vient encore se joindre le paiement de 24,000,000 de rente aux étrangers dont nous sommes enfin délivrés à ce prix. Comment payer cette dette, si l'excédant de la recette sur les dépenses ordinaires n'est, l'an prochain comme cette année, que de 10,000,000? Est-ce par le crédit? mais les moyens de le soutenir ne sont point d'administrer les finances comme on l'a fait jusqu'ici, ce qui a fait dire à un de nos députés, M. *Magnier - Grandpré*, que nous n'avons point d'administration des finances; ce n'est point en refusant pour l'emprunt des 24,000,000 de rentes l'élite de nos banquiers, lorsque la concurrence a été établie avec tant de succès pour celui des 16,000,000 ; ce n'est pas en chargeant de cet emprunt un Anglais qui peut gagner, si l'on en croit des comptes fidèles, 90,000,000 à l'opération qui lui a été confiée si imprudemment, pour ne pas dire plus. Il n'est plus temps de déguiser la vérité; si un pareil système ne change au plus tôt, je vois les emprunts nous amener la banqueroute, et tous les malheurs qu'elle traîne à sa suite.

Nous étions moins prodigues, lorsque, plus riches qu'aujourd'hui, nous possédions une partie de l'Italie, les provinces du Rhin, et la Belgique. A quelles économies devraient donc nous condamner la réduction de nos ressources, la double invasion dont nous avons été frappés, et les fléaux qui ont pesé sur nos campagnes......! Et cependant tous les ministres ont cette année dépassé leur budget; ils l'avaient dépassé l'année dernière; il en sera de même jusqu'à ce qu'il soit présenté une

loi de régularisation du budget précédent;
loi nécessaire que devraient suivre des recherches rigoureuses, et une accusation contre
tout ministre coupable de dilapidations.

Les dépenses du ministère de l'intérieur
sont les premières qu'il faut réduire. Je n'exa-
mine point ici s'il faut supprimer les préfets;
peut-être pourrais-je résoudre la question af-
firmativement avec quelque avantage; mais
je pense que, même en conservant leur
institution, on doit réduire leurs fonctions
et leur traitement de tout ce qui se trouve
exorbitant du droit constitutionnel, leur
enlever les conseils de préfecture, quelques
bureaux parasites, et faire que l'autorité des
conseils de département et de commerce lé-
galement recomposés ne soit point illusoire.

Les dépenses des finances doivent être réduites par la suppression des fonctions de
payeur qu'on peut donner aux receveurs généraux ou d'arrondissement; par la diminution de l'énorme traitement des premiers,
ainsi que des inspecteurs généraux du trésor;
par la suppression d'un grand nombre de
fonctions, au moins inutiles, dans l'administration des Droits-Réunis..... La nation est
seule propriétaire de tous les biens composant

aujourd'hui le domaine extraordinaire; elle doit en connaître, année par année, les recettes et les dépenses. C'est assez d'une liste civile, que l'on ne peut réduire, mais qu'il est du devoir du monarque d'ouvrir aux infortunés, trésor à vie qui n'est accordé au prince que pour lui assurer plus de droits à l'amour de ses sujets.

Les dépenses de la guerre ne sont pas trop élevées dans les circonstances qui nous pressent. C'est leur emploi seul qu'il faut modifier. Ainsi, que les fonds secrets disparaissent du nouveau budget : on n'a plus que des Français à solder, qu'à acquitter les dettes d'une reconnaissance nationale. Que les troupes suisses cessent d'être à notre charge : leur paye est plus que double de celle de nos légions. Que Sa Majesté se confie sans réserve aux cœurs français; elle sera mieux gardée par eux que par les baïonnettes étrangères.

Une loi de recrutement a été promulguée; mais une loi ne suffit pas pour nous défendre désormais de toute invasion. Nos places frontières seront abandonnées par les étrangers, sans armes, sans munitions; leurs fortifications ont besoin de réparations urgentes; il faut les rétablir presque toutes en état de défense; il faut fortifier de nouveaux points qui ne sont défendus aujourd'hui ni par le Rhin ni par la Belgique. Plaignons le guerrier qui organisa la victoire en 1792, de n'être plus au sein de la grande famille ; mais il laisse des successeurs de ses talens. S'il en est qui siégent parmi nos députés, je les adjure de faire entendre la voix de la patrie, qui ne se consolera de ses désastres que lorsque nos institutions militaires préviendront à jamais leur retour.

Les pertes qu'a éprouvées notre marine se réparent bien difficilement. Cependant nos ports ne manquent point d'habiles officiers du génie maritime ; et la France est encore la patrie des Jean Bart et des Duguay-Trouin. Ce qui nous manque, ce sont des vaisseaux et des matelots pour les peupler. Ces armemens sont aussi bien coûteux sans doute, mais on pouvait conserver une partie des arsenaux dont nous déplorons la perte ; on pouvait, dans quelques villes où les cloches ne manquent point, se dispenser de scier des canons pour faire des cloches.

Les dépenses du ministère de la justice ont encore besoin de réduction. Si le traitement des tribunaux de première instance, beaucoup trop nombreux d'ailleurs, n'est point assez élevé, le traitement des présidens et procureurs généraux près les cours royales est trop considérable. Je ne parle pas des dépenses du double ministère de la chancellerie et de la justice. Tant de bureaux et d'employés deviendront moins nécessaires lorsque, les tribunaux jugeant avec plus d'indépendance, le gouvernement ne prendra aucune part, même à des procédures de haute trahison.

C'est une importante question que celle de savoir si la police doit avoir des dépenses secrètes. Je sais bien que chaque parti cherchera à la résoudre selon ses vues et son intérêt : ainsi tels hommes sont d'avis que ces dépenses et le ministère doivent être supprimés, qui, en 1816, se trouvaient fort bien de tous les deux. Tels autres voudraient l'arbitraire dans les recherches et dans les poursuites contre d'hypocrites conspirateurs , qui flétrissaient, à juste titre, la délation et les délateurs lorsqu'ils étaient victimes du parti vaincu aujourd'hui. D'autres, enfin, considèrent l'espionnage comme un fléau par qui, dans tous les temps, le gouvernement qui le tolère se trouve affaibli.

Si toutefois des dépenses secrètes sont nécessaires à la police générale, l'intérêt de la liberté et des mœurs qui en sont inséparables, exige la suppression de l'impôt sur la tolérance des jeux. Si je retraçais tous les malheurs dont cette tolérance est la source, je dirais des choses effroyables. C'est là que se forgent les instrumens du crime, que viennent s'ensevelir fortune, talens, honneur, vertus, humanité ; c'est là que s'aiguise le poignard du suicide ; heureux encore ceux qui ne survivent point à eux-mêmes, et qui savent préférer la mort à l'infamie ! Mais les maisons de jeux, dira-t-on, sont des égouts nécessaires qui préservent de l'infection l'intérieur des familles. Le remède, tout affreux qu'il est, peut-il garantir du mal, et le cortège des croupiers et tailleurs de la ferme des jeux n'est-il pas, grâce à une déplorable vanité, descendu des salons dorés du faubourg Saint-Germain dans les cercles qui devaient le plus se garder de la contagion des *anciens usages ?* On parle de maisons clandestines ; mais sont-elles plus dangereuses que ces repaires ouverts nuit et jour, surtout au Palais-Royal, le rendez-vous des étrangers et des artisans ? Au nom de l'humanité, fermez ces infâmes maisons ! proscrivez encore les loteries publiques, alimens de la paresse, où les hommes de la classe pauvre attendent du hasard un salaire sans travail, et, mécontens de leur sort, alimentent incessamment une criminelle cupidité ; et réduisez du moins ces maisons de débauche, dont le nombre augmente tous les jours dans une si effrayante progression. Un gouvernement despotique ne demande pas quelle est l'origine de ses ressources ; mais dans un état libre, il ne doit être levé d'impôts que ceux que la morale avoue.

Quant aux recettes, rien de plus urgent qu'une égale répartition de l'impôt foncier, et la création d'un cadastre, où la matière imposable soit classée d'après la valeur. Ne serait-il pas encore nécessaire de changer le mode de perception des contributions indirectes ? Les abonnemens me semblent préférables aux exercices. Avec les exercices viennent cette nuée d'agens payés pour exercer l'arbitraire le plus maladroit, et le plus propre à aigrir les esprits dans les campagnes, et surtout dans les contrées à vignobles et à tabacs. Mais ce n'est pas sur les objets de consommation, c'est sur les objets de luxe, et surtout de luxe de fantaisie, que doit peser l'impôt le plus élevé. C'est ainsi que l'opulence mobilière devient tributaire des besoins de l'état. Eh ! que ne sommes-nous au temps où les dames et les chevaliers romains faisaient à la patrie le sacrifice de leurs parures et de leurs anneaux ! Pourquoi les armées étrangères, qui ont trouvé *Capoue* sur nos frontières, ne trouveraient-elles pas, dans le dévouement généreux et spontané des Français, la rançon expiatoire de *Cannes* ?

Il est temps de voir cesser la progression effrayante des recettes de l'enregistrement. Les droits de mutation, d'inscription, etc., n'ont besoin que d'être réduits ; sans cela les immeubles languiront dans une stagnation désespérante pour le crédit public. Nos lois civiles protègent comme nécessaire à une nation libre la mobilisation des propriétés foncières ; que nos lois de finances ne l'entravent point.

J'écarte bien d'autres questions sur l'amortissement, la dette flottante ou passif des caisses, etc., que je ne pourrais qu'effleurer ici, et qu'il faudrait approfondir séparément.

La loi de finance proposée chaque année a ressemblé généralement jusqu'aujourd'hui au livre des oracles sibyllins, où les seuls initiés pouvaient lire. Elle ne doit être désormais qu'un livre de dépenses et de recettes ouvert aux yeux les moins exercés, où la balance entre les besoins et les ressources soit dans un équilibre parfait. Que faut-il pour cela? de la bonne foi dans nos ministres, de la fermeté dans nos députés; c'est un bienfait que nous attendons avec confiance du système représentatif.

§ 2. *De l'Administration intérieure.*

La bonté des lois de finances tient à celle des lois organiques destinées à consolider la constitution, et à recréer les mœurs publiques sous une administration libérale. Dans les pays libres, dit Montesquieu, les grands impôts sont sans danger. Je connais un peuple à qui l'on dit sans cesse qu'il est libre, pour le charger d'énormes tributs, mais dont on se garde bien d'assurer la liberté, pour rendre possible le paiement de ces tributs mêmes.

Si cependant les hommes chargés de gouverner cette nation, paraissaient s'effrayer des mots *liberté civile*, *tolérance religieuse*, *indépendance de la presse*, et les prononçaient à peu près comme ces timides voyageurs qui chantent pour s'enhardir, et ne font que déceler leur présence aux malfaiteurs qui les attaquent sans défense; si alors des auxiliaires survenaient, ces derniers n'auraient-ils pas le droit de dire aux victimes qui, en se débattant

sous le couteau, leur prodigueraient l'insulte :
« Vous sauver c'est nous sauver nous-mêmes.
» Laissez-nous agir ; refuser nos secours, c'est
» être, à pure perte, complice de ceux qui,
» à leur tour, nous attaqueront, quand vous
» ne serez plus ? »

Parlons sans figure : la conspiration qui
vient d'être découverte a fait connaître les
vrais défenseurs et les vrais ennemis du gouvernement. Les attaques de ces ennemis ne
sont pas nouvelles ; elles datent, le dirai-je ?
de l'établissement de la monarchie. La révolution les a terrassés, mais bientôt ils ont re-
paru forts de ses désordres. Humbles et ram-
pans sous le despotisme, l'aurore de la liberté
les a réveillés ; et lorsque la Charte a été pour
la seconde fois proclamée, pour la seconde fois
aussi ils ont fait peser sur ses défenseurs des
calomnies, et des persécutions journalières,
en attendant qu'ils pussent dresser contr'eux
des listes de proscription..... Le besoin d'une
défense commune nous ralliait contre ces oppresseurs, quand la voix du Monarque se fit
entendre et les dispersa. Leur fureur redoubla
alors par le désespoir d'envahir le gouvernement. On les vit dans une cité populeuse, la
seconde de l'empire, se faire une arme des

malheurs des temps, pour créer des conspirations imaginaires, dans le seul but d'exercer des vengeances privées; tandis qu'ailleurs les grandes réactions étaient et sont encore remplacées par des injustices moins criantes, mais plus multipliées et d'autant plus dangereuses qu'elles tiennent, surtout dans les campagnes, au choix des agens du pouvoir, par d'autres agens infectés des mêmes opinions. Ici, une écharpe sert de sauve-garde à un ennemi; là, des lois despotiques sont appliquées plus despotiquement encore... Et contre des infortunés qui demandent justice on invoque aux Chambres, comme au conseil d'état, la maxime, *union et oubli!* Et où en serions-nous donc, grand Dieu! si l'inviolabilité était le partage de tous les dépositaires du pouvoir, et si, par le retour perpétuel des mêmes injustices, nous perdions jusqu'au droit de dire : *Si le Roi eût su!*

Ce qui augmente le mal, loin de le guérir, c'est l'organisation judiciaire actuelle. Je ne parle pas de la liberté des défenses, et du système qu'on paraît vouloir introduire d'enlever au barreau français cette noble indépendance que proclamait et qu'honorait d'Aguesseau. Les franchises de notre ordre sont encore quelque chose aux yeux de l'opinion publique. Mais je ne veux parler ici que de la distribution de nos tribunaux. Et je dis que l'administration de la justice est divisée de manière à rendre peu respectables les corps de judicature du premier degré. Les tribunaux d'arrondissement ont une ressemblance trop frappante avec les anciens bailliages ; et leur institution rappelle trop la maxime de Machiavel, *diviser pour régner*, pour croire possible que dans de si étroites limites ils soient réellement indépendans. Un seul tribunal par département suffit à un gouvernement constitutionnel. L'institution est républicaine, dira-t-on : quel mal y a-t-il donc à cela? Tant qu'existeront les cours royales, les pairs de l'ordre judiciaire, peut-on craindre que les juges du premier degré réunissent trop de garanties de fortune, d'intégrité et de lumière? peut-on craindre qu'il y ait trop de conciliations et trop peu de procès? Eh ! sans doute, heureuse la nation où ces craintes ne seraient point chimériques !

Quant à la justice criminelle, je renvoie le lecteur aux observations que j'ai publiées sur ce sujet (1): qu'il me suffise d'annoncer

(1) *Observations critiques sur la Procédure cri-*

que la révision de notre code d'instruction et de nos lois pénales devient de jour en jour plus urgente. Si une seule session de nos Chambres législatives ne suffit pas à ce grand ouvrage, du moins elles songeront à rétablir l'institution du jury sur des bases vraiment libérales, et à le rendre plus digne de nous. Le jury actuel, tel qu'il est composé, ne peut subsister davantage. Le choix des jurés ne doit plus être laissé aux préfets et aux présidens des assises; c'est au sort qu'il doit être abandonné, et il est urgent qu'il soit appliqué aux délits de la presse.

La presse languit aujourd'hui dans un esclavage que le ministère a plus à craindre qu'à désirer. Les journaux sont dans sa dépendance; mais aux nouvelles qu'ils nous donnent, aux prétentieuses niaiseries dont se composent les articles de quelques-uns, l'imagination du lecteur substitue des conjectures sur l'état de l'Europe d'autant plus alarmantes qu'on lui cache la vérité. On voile au lecteur la réalité, et il voit des fantômes. Montrez-

minelle, par M. J. M. B., avocat. — Un vol. in-12. Prix 2 fr. 50 c., et 3 fr. par la poste. — Chez Eymery, rue Mazarine, n° 30; Mongie, boulevart Poissonnière, n° 18, et chez les libraires du Palais-Royal.

lui ce qui est, et il ne supposera jamais ce qui n'est pas. Au milieu de ces alarmes le crédit ne peut se soutenir, la confiance disparaît, et si des jeux de bourse élèvent à Paris les fonds publics, le capitaliste des provinces enfouit les siens.

Les brochures ne sont point soumises à la censure du ministère, mais quelques vérités hardies ne lui parviennent que sous son bon plaisir. Un écrivain politique, dès qu'il prend la plume, s'offre en holocauste à l'arbitraire des interprétations; dès qu'il veut signaler les abus, et en bon citoyen en dénoncer les auteurs, il se soumet, par cela seul, à être traîné de Paris à Rennes, à Bordeaux, à Lyon, à Strasbourg, en Corse, ou à Pondichéry; à voir sa peccadille imprescriptible quand les parricides peuvent prescrire (1)!!!... Je m'arrête, la voix des *Dunoyer*, des *Merilhou*, des *Mauguin*, est plus éloquente que la mienne.

Depuis la promulgation de la Charte, nous

(1) Il faut cependant savoir gré au gouvernement de la destitution de M. *Desplantes*, qui avait prêché avec trop de zèle sans doute la multiplicité et l'unité du délit de la presse dans l'affaire Béchu contre Dunoyer; et rendre grâce à M. Marchangy de sa modération dans le dernier procès de l'Homme-Gris.

attendons une loi sur la responsabilité ministérielle; sans doute nous l'attendrons long-
temps encore, et cependant, sans elle, comme
sans liberté de la presse, toute constitution
est illusoire.

Si de la liberté civile et politique je passe
à celle des cultes, je la vois insultée dans nos
départemens par des missionnaires qui prennent sans doute la France pour un pays de
Caffres ou de Hottentots. Faut-il tracer le ta-
bleau de leurs excursions? Nous les verrons
partout transformer en pieuses momeries nos
augustes mystères, et, au mépris de la Charte
qui regarde une religion de paix et d'amour
comme la religion de l'état, prêcher, sous son
nom, le despotisme et l'intolérance; nous les
verrons déclamant contre les progrès des lumières, contre l'état actuel de l'instruction
publique, signalant l'enseignement mutuel
comme une inspiration du démon, nos institutions politiques comme une œuvre des té-
nèbres, enfin, nouveaux *Dominique*, appe-
lant les baïonnettes sur les indévots. Mais ils se
trompent; les vaudois ne sont plus, les albi-
geois ne renaîtront pas encore, le supplice de
nouveaux Calas ne viendra plus affliger l'humanité. Ce qu'il faut prêcher aujourd'hui,

c'est l'Evangile dans sa pureté; c'est, non le dogme, mais la morale; non les travaux des conciles, mais les œuvres de Jésus-Christ; c'est, non dans des chaires de marbre, mais dans la simplicité de la primitive Eglise. Au milieu de ce luxe de *sinécures*, de ces chapitres dont le seul travail est de s'engraisser dans une sainte et douce oisiveté, de ces évêchés qu'on veut multiplier avec tant d'imprudence, quelques églises de campagne manquent de desservans, quelques-unes même recourent encore aux dons gratuits des paroisses, et, malgré un traitement assuré, réclament un tribut de la charité des fidèles; mais ce n'est point envers le curé que cette charité doit s'exercer, c'est envers les pauvres des communes. L'épi de la glaneuse devient l'aliment du pasteur, et ni les mœurs ni la religion n'y trouvent leur compte.

Ce qu'il nous faudrait à la place des missionnaires, ce sont des inspecteurs désintéressés de l'état de notre agriculture, de notre commerce, de notre instruction publique. Ils nous apprendraient qu'un code rural est chez nous d'une urgente nécessité, que l'excès des impôts paralyse le bras du cultivateur, que nos ateliers sont presque déserts; qu'il n'existe point de réciprocité commerciale entre l'Angleterre et nous, qu'au détriment de nos manufactures, nous sommes inondés de ses marchandises, alors que d'énormes droits d'importation frappent dans ses ports nos vins et nos tabacs ; que, dans l'intérêt d'une province éminemment française, le boulevart le plus sûr de la France par le courage de ses habitans, il faut révoquer la prohibition du transit par l'Alsace ; enfin que l'instruction des colléges ne fait aucun progrès dans beaucoup de départemens ; que les sciences naturelles y manquent de professeurs ou d'élèves ; que l'on y descendra bientôt de la philosophie *d'Aristote* à celle de *Scot* ou de *Bonald ;* que, dans nos académies, une chaire de droit public est indispensable, et que la Charte y devrait être dans les mains de tous les élèves.

§ 3. *Un mot sur le Régime des Ordonnances.*

Sous un gouvernement représentatif, la loi est la puissance qui commande, comme *expression de la volonté générale.* La puissance exécutive, comme son nom l'indique, n'a que le droit de faire exécuter la loi par des ordonnances qui la rappellent et en découlent essentiellement. Dans le sens rigoureux, toute ordonnance qui ne découlerait point d'une loi, n'a pas de force obligatoire. Tout ministre qui la contresigne viole la Charte, et, sous une bonne loi de responsabilité, devrait être puni ; et que l'on ne dise pas *qu'attaquer les ordonnances, c'est attaquer le Roi ;* maxime du despotisme, dont la raison publique ne saurait trop tôt faire justice. Sous le gouvernement constitutionnel, on n'attaque le Roi que par des injures personnelles : ce n'est peut-être pas là ce qu'a entendu la loi du 5 novembre, mais c'est ce que la raison et la Charte proclament. Attaquer les ordonnances n'est attaquer que les ministres par qui s'exerce le pouvoir exécutif ; c'est servir le monarque dont l'empire n'est assuré que par les lois auxquelles il est soumis lui-même. S'opposer au régime des ordonnances, est donc le premier devoir d'un bon et loyal député ; et, s'il m'arrivait jamais d'être admis à représenter mon pays dans la Chambre des communes, dès qu'un acte de la compétence du pouvoir législatif serait promulgué dans les formes d'une ordonnance, je réclamerais avec cinq amis un comité secret, et j'y proposerais l'ordonnance même rendue, comme si elle n'existait point ; ma proposition serait rejetée peut-être, des journaux esclaves garderaient le silence, mais j'aurais fait mon devoir.

CHAPITRE II.

Remède au mal présent dans les Élections prochaines.

On peut attribuer l'état de la France tel qu'il vient d'être considéré à l'aveugle confiance des ministres en eux-mêmes et à la défiance qu'ils témoignent contre les représentans de la nation. Que les dangers qu'ils viennent de courir par la tentative insensée de quelques furieux, leur apprennent quelle planche de salut ils doivent embrasser, et de quelles armes ils doivent frapper les factieux qui conspirent contre la sainte cause de nos libertés. Ils ne s'éclaireront point en mettant la lumière sous le boisseau, mais au contraire en éclairant la France sur sa position, et en laissant la vérité parvenir jusqu'à elle. Ils la repoussent cependant encore, ou bien ils prennent pour elle un langage où ils ne peuvent apprécier ce que l'on dit, s'ils ne devinent ce que l'on tait. La Charte est le mot d'ordre de tous les partis; et il existe des partis encore!

Mais à droite, l'on dit : la Charte, et les prérogatives qu'elle a abolies; au centre : la Charte, et les circonstances qu'elle ne permet plus d'alléguer ; à gauche, on dit : la Charte, et la liberté publique qu'elle consacre.

Oui, *la Charte et la liberté publique*, telle doit être désormais la devise de nos députés. La proposition des lois est indirectement ouverte dans les comités secrets : ils ne sauraient trop se hâter de discuter dans leur sein les principes libéraux sur lesquels doivent reposer l'administration des communes et des départemens, et les améliorations judiciaires dont j'ai signalé la nécessité ; de proclamer à la tribune l'urgence d'une responsabilité ministérielle, les bienfaits de la liberté de la presse, de l'institution du jury, le despotisme et la rigueur de nos lois criminelles ; de signaler les abus de l'excursion des missionnaires, les vices du système actuel de l'éducation, le défaut d'instruction, qui fait dans les campagnes des voleurs et des assassins, tandis que, à la gloire des mœurs publiques, il ne fait plus guère dans la capitale que des filous ; enfin, dans cette discussion du budget, si impatiemment attendue chaque année, et dont chaque année les résultats sont si décevans, nos députés doivent se hâter de mettre un terme au jeu ruineux des emprunts, ajouter à l'amortissement de nouvelles branches de prospérité, réduire les traitemens des grands fonctionnaires, ajourner toutes les dépenses qui n'offriraient point un intérêt du moment, empêcher qu'on ne fasse *Rome de marbre* au prix des souffrances du peuple; refuser toutes gratifications, toutes cumulations de traitement, autres que celles destinées à assurer au génie une honorable existence, et, pour tout le reste, avoir sous les yeux ces mots du sage Necker : *Mille écus de pension sont la taille d'un village.* Les dépenses ainsi réduites, ils ne doivent allouer d'impôts que ceux indispensables aux besoins du service et à la solde des troupes *françaises*.

Voilà la tâche que nos députés ont à remplir; voilà la mesure du jugement que doivent porter nos électeurs sur leurs candidats.

En Angleterre, on désigne à la réprobation des électeurs tous ceux qui dans la discussion de telle loi ont voté contre la liberté. Les sacs verts montrés au peuple désignent les protecteurs des *castle* et des *oliver*, et la suspension de l'*habeas corpus* qui fut leur ouvrage. Le bill des taxes, celui des grains, l'alien-bill, les lois principales rendues dans la précédente session , sont aussi passées en revue. Des voix généreuses s'élèvent contre les fidèles serviteurs du ministère ; et si quelques-uns sont réélus à force d'intrigue et de corruption , ils entrent dans le nouveau parlement marqués du sceau de la servitude. Ceux au contraire qui ont donné des gages de leur opposition aux dilapidations des finances, et aux usurpations du ministère, ceux-là, la cité qui doit les élire les montre à l'Europe avec orgueil ; le jour de leur élection devient une fête nationale, leurs chiffres et leurs couleurs entrelacées de guirlandes parent toutes les croisées , une foule ivre de joie se presse autour du char de ces paisibles triomphateurs , les réunions des vrais citoyens retentissent en leur honneur de toasts et d'acclamations ; et c'est ainsi que le peuple est juste, et que, lorsqu'il est abandonné à lui-même , il fuit la corruption comme la licence , pour ne s'attacher qu'aux vrais amis de la liberté.

Les députés d'Angleterre sont désignés, soit par ce qu'ils ont fait au parlement , soit par ce qu'ils sont dans le dessein d'y faire. C'est là un appel à la reconnaissance publique pour les services rendus, ou un engagement pour les services à rendre. Il est nécessaire de désigner ainsi les candidats ; car le seul mot de *membre de l'opposition* ne serait pas suffisant pour inspirer de la confiance, dans un temps où l'opposition ne serait pas dans la nation entière, comme elle l'est aujourd'hui chez nos voisins.

En France, les institutions organiques de la Charte sont presque toutes à créer. Leur rapport avec la liberté publique doit frapper tous les esprits ; le vœu de la nation ne peut donc être rempli que par les députés indépendans. Rencontrez-vous un homme dont le cœur batte au nom de patrie, qui veuille l'armée nationale et forte, et nos frontières inexpugnables moins par nos armes que par nos lois ; qui, au-dedans, protège les droits du citoyen, flétrisse l'arbitraire, ne rende pas illusoire la responsabilité ministérielle par un coupable assentiment à des mesures désastreuses pour le crédit public ; qui sente que, sans la réduction des impôts, il n'est plus nécessaire de présenter des budgets à la France épuisée ; que l'instruction publique a besoin de s'élever sur des bases plus libérales, nos lois criminelles d'être mises en harmonie avec la Charte, enfin que sans liberté de la presse toutes les autres libertés sont anéanties : choisissez à l'instant ce député. C'est faire injure à des départemens français que de supposer qu'ils ne produiront point quelques éligibles indépendans. La corruption n'est pas arrivée au point où de nouveaux Maxwel essayeraient publiquement de lutter contre des Romilly et des Burdett. Chez nous, tous les citoyens, animés de l'amour de la patrie, de la Charte et du Roi, peuvent se présenter sans craindre les vaines clameurs d'agens stipendiés dans le but de faire représenter la nation par le ministère. Ceux-ci eux-mêmes n'ont point à redouter des vociférations ennemies, et nos électeurs, plus polis que ceux de Westminster, sauront à la fois les écouter et les éconduire.

Cependant le ministère, à qui tous les journaux sont ouverts, et qui peut les fermer à ses adversaires, s'agite dans l'ombre pour assurer le succès de ses choix. Tantôt il appelle de l'intérêt général à l'intérêt privé des électeurs, en leur montrant les députés du centre comme les courtisans les plus habiles à faire valoir des pétitions et à obtenir des grâces pour leurs protégés ; tantôt il multiplie les instructions secrètes, et soudoie des agens recruteurs chargés d'employer tous les moyens possibles, hors la corruption pécuniaire, dont je ne crois point qu'on ose faire usage avec des Français. Ici, un journal cherchera à flétrir le commerce, et les citoyens qui l'exercent avec honneur et succès, pour écarter une importune surveillance de l'administration des finances ; là, il repoussera les avocats qui n'aspireraient point au parquet, sous le prétexte que l'ordre des avocats a produit les Touret, les Barnave, les Vergniaux, comme si par compensation il n'avait pas produit aussi les B.....u et les Cur.....r ; tel autre sèmera des bruits perfides contre des enrichis qu'on ne manquera pas d'appeler des hommes de rien, comme si un éligible devait notifier la date de sa fortune, et s'il ne lui suffisait pas de payer mille francs d'imposition au moment où il est élu ; tel autre encore réveillera des haines assoupies, flétrira des corps en masse pour arrêter l'élection d'un candidat faisant partie de ces corps..... Mais ces manœuvres n'ont-elles point déjà commencé ? ne les a-t-on point rejetées déjà sur les libéraux, dans quelques articles où l'on déclare que l'*on saura déjouer, cette année qu'elles seront mieux connues, les menées de certain parti pour faire nommer des hommes de son choix ?* etc., etc., etc. Et c'est là ce qu'on appelle préparer aux

élections ! ce qui n'est dans la réalité qu'aigrir les esprits et faire des ennemis au ministère.

CHAPITRE III.

Quelques Règles à l'usage des Electeurs.

Pour déjouer les plans que nous venons de
signaler, il est quelques règles simples qu'un
électeur doit avoir sous les yeux.

Son premier devoir est de rester inacces-
sible à toute suggestion d'un agent de l'autorité,
et de ne céder qu'aux inspirations de sa raison.
Tout ce qui pourrait le faire dévier de cette
inflexibilité est un danger pour la patrie, qui
n'attend ses députés indépendans que d'électeurs qui le soient comme eux.

La seconde règle qu'un électeur doit se
prescrire, c'est de ne nommer aucun agent du
pouvoir exécutif. — La loi n'est pas un acte de
la toute-puissance du Roi, qui aura appelé
quelques conseils choisis parmi les électeurs ;
c'est, par le concours du Roi, des représentans est des pairs, l'expression de la volonté
générale. Peut-on assurer qu'elle ait ce caractère, alors que la majorité de la Chambre des

députés est composée d'agens du gouvernement ? Non : je ne puis voir la volonté de la
nation là où je ne vois que le consentement
des dépositaires du pouvoir, et ses représentans
là où je ne vois que ceux de l'autorité. Avec
de tels députés, c'est la puissance exécutive
qui propose, qui a l'air de discuter, et qui pro-
mulgue la loi. Mieux vaudrait une ordonnance,
sous des ministres responsables , qu'une loi
qu'on ne pourrait déférer à l'opinion publique
sans accuser la corruption de la législature; ce
qui est un grand mal.

D'ailleurs la discussion du budget est la
grande affaire des députés. Si des économies
sont proposées, ces députés voteront en faveur
de leur traitement contre les économies.

Au reste, en abandonnant leurs fonctions
pour la tribune, ils entravent le cours de l'administration. Forcés de la confier à des agens
subalternes , ils risquent de laisser l'arbitraire
s'introduire en leur absence dans toutes les
parties du service. La chose publique languit,
l'intérêt des administrés est compromis ; et, s'ils
consacrent à leurs correspondances le temps
qu'ils devraient employer à étudier des ma-
tières législatives, ils font mal le double travail auquel ils ne peuvent suffire. Si, au con-

traire, ils ne paraissent point à la Chambre, ils semblent sacrifier l'intérêt de l'état à celui d'un département.... Il n'est point jusqu'aux dîners ministériels qui ne soient funestes, je ne dis pas à la conscience de tels députés, mais encore à leurs intérêts privés, et aux mœurs publiques. Ces excellences de chef-lieu, de retour dans leurs foyers, donneront aussi des dîners, ils afficheront un luxe ministériel dans un grand nombre de départémens pauvres où l'on pourra avoir la folle envie de les imiter. Sans trop de sévérité, je laisse à penser où nous conduirait la contagion d'une ambition semblable.

Ainsi, plus de présidens de cours et tribunaux, plus de procureurs ni d'avocats généraux, plus de préfets, de ministres, de conseillers, de sous-secrétaires d'état, plus d'agens du pouvoir au milieu de nos députés. Le ministère veut-il connaître l'opinion publique, qu'il s'y livre sans défiance. Elle lui apprendra que les plus sincères amis du gouvernement ne siégent point à cette place que ses agens occupent; mais qu'ils sont dans le parti de l'opposition à tout ce que les ministres peuvent proposer d'illibéral, de l'assentiment et de la défense pour tout ce qu'ils font de bien. Les vrais amis de la patrie sont à cette place d'où sont parties ces voix généreuses qui ont tonné contre l'arbitraire, qui ont défendu avec courage le droit de pétition, la liberté de la presse et le jugement par jury ; qui, en 1815 comme en 1818, ont fait retentir à la tribune le cri de l'humanité méconnue aux bords du Gard et du Rhône ; qui ont signalé les vices de l'administration au milieu des représentans de l'administration ; qui ont voté contre l'effrayante progression des dépenses publiques ; qui ont soutenu le ministère dans la discussion de la loi qui doit donner à la France une armée nationale ; qui ont voté, enfin, le prompt départ des troupes étrangères.

Les opposans au bien public, quelque pures que soient leurs intentions, sont à cette place où tous les projets présentés auraient été accueillis presque sans discussion ; où des voix généreuses eussent été étouffées par des murmures et des vociférations. Les ministres n'auraient pas de plus grands ennemis que ces prétendus serviteurs ; enivrés en effet par ce tourbillon d'encens qu'on ferait fumer autour d'eux pour les égarer, ils ne le verraient se dissiper qu'au moment où une éclatante disgrâce leur apprendrait que la vérité est parvenue jusqu'au trône, et que l'auteur de la Charte n'a pas voulu que l'œuvre auguste de sa sagesse devînt un bienfait illusoire, et un abri sûr derrière lequel l'arbitraire pût impunément s'exercer.

La troisième règle pour un électeur, c'est de faire connaître ses titres le plus tôt possible, et de se présenter à l'instant même où paraît la liste sur laquelle il n'est point inscrit. Si l'an dernier tous les électeurs de la capitale s'étaient présentés ainsi, il est permis de croire qu'un plus grand nombre de députés indépendans eût été nommé. Mais c'est dans les départemens surtout qu'il est urgent que les électeurs redoublent de zèle, et que tous sans distinction se présentent à l'assemblée. La masse des électeurs veut la Charte, et votera pour ses défenseurs les plus intrépides; elle gémit de l'énormité des impôts, et votera pour ceux qui prêcheront l'économie avec le plus de force; elle veut la réforme de nos lois criminelles, et votera pour ceux qui en sentent le mieux la nécessité. Que la masse des électeurs se réunisse donc, qu'elle forme un faisceau au sein duquel la corruption ne puisse point se glisser. Sans doute, je sens qu'il est plus difficile de résister à toute suggestion dans les

campagnes que dans les villes. Ici les éligibles
sur lesquels les choix doivent s'arrêter, sont
moins connus ; et il est si facile de désigner
à des hommes simples tel fonctionnaire re-
vêtu d'une éminente dignité ; ou bien le président du collége électoral qui a l'air de n'être
là que pour dire : *donnez-moi votre voix, le
gouvernement le désire....!* Dans les villes, au
contraire, plus de lumières, plus de rapports
avec la capitale, donnent à l'opinion publique
plus de consistance et aux choix libéraux plus
de fixité. C'est donc dans les villes que doit
s'établir un comité destiné à soutenir, par
tous les moyens que l'honneur avoue, l'élection
de députés indépendans. Dans ce comité, on
saurait se prémunir contre des journaux esclaves, comme aussi contre l'influence du sacer-
doce, si respectable aux pieds des autels, si
dangereux dans les assemblées politiques. Ces
comités eux-mêmes peuvent offrir un cours
de droit constitutionnel, en montrant la liberté sous ses véritables traits, comme aussi
venger la loyauté du candidat si elle se trou-
vait compromise par des calomnies. Mais pour
soutenir son élection, ces comités n'auront
pas besoin de pareilles armes.

Les adversaires du candidat sont-ils les

membres de cette majorité mobilière de la Chambre de 1815, il suffira de dire aux électeurs : « Voyez leur ouvrage; qui a créé les » cours prévôtales, la loi des suspects, celle du » 5 novembre, celle d'amnistie? Qui a voté » contre la loi des élections en 1817, contre » l'avancement légal en 1818? Qui enfin dans » ces derniers temps...? » Mais la pudeur nationale me défend de prévenir les tribunaux.

Les adversaires du candidat sont-ils sous la dépendance du ministère, il suffira de dire aux électeurs : « Voyez quelles places ils » occupent. Sont-ce les préfets qui voteront » une réforme administrative; les receveurs » généraux, un budget moins onéreux ; les » agens du fisc, la diminution des droits du » fisc; les fonctionnaires des cours et des tri- » bunaux, la réforme d'une procédure cri- » minelle qui fait leur toute-puissance; et qui » voteront tout cela sous les yeux de l'auto- » rité dont ils sont les agens, et qui peut les » révoquer d'un instant à l'autre? Ne placez » jamais les hommes entre leur intérêt et leur » devoir; pour un *Beugnot*, un *Royer Co-* » *lard*, un *Camille Jordan*, un *Dupont de* » *l'Eure*, combien n'aurez-vous pas de *B.....rt-*

» *Ba.....il, de V... de G., de E.......u, et de*
» *C........er!* »

La calomnie serait bien plutôt dans le parti qui traite de jacobins, de factieux, les hommes destinés à siéger à côté des Lafitte et des d'Argenson, et qui verrait en eux de turbulens orateurs prêchant la guerre et les désastres qui la suivent, à côté des amis de la paix et de la liberté... Les factieux!!! Ils viennent de se trahir, et ce n'est pas dans nos rangs qu'ils étaient. Ce sont eux qui appellent les armées étrangères sur le sol français, qui les dévorerait avec leurs provocateurs, si, contre les traités, elles franchissaient d'un pas la ligne qu'elles doivent encore occuper quelques mois. Mais si la France jetait dans la balance du nouveau Brennus l'épée de Valmy, de Fleurus et d'Austerliz, non, la cause du Roi ne serait pas compromise. La France l'élèverait sur le pavois pour montrer aux ennemis ses cheveux blancs couronnés par la victoire et le trône constitutionnel, fondé sur la liberté du grand peuple, assis désormais sur des bases inébranlables.

CHAPITRE IV.

Revue des Départemens dont les Colléges électoraux seront convoqués cette année.

L'on a comparé les élections anglaises à des saturnales révolutionnaires, et M. Hunt et les quatre-vingts énergumènes à sa solde étaient la matière expérimentale de la calomnie contre les vrais libéraux, pour nos journaux, comme pour ceux de Londres : mais laissons à part l'*urbanité* de la *Livery* de Westminster, et quelques scènes nées d'une juste irritation contre la corruption ministérielle, et l'on trouvera dans les élections anglaises un usage qu'on devrait suivre dans nos élections. Un candidat se présente chez nos voisins à l'assemblée des électeurs, ouvertement, sans dissimuler ni ses droits à la reconnaissance publique, ni les garanties que présente sa conduite aux amis de la patrie. Avant les élections, personne n'ignore qu'il est candidat. Ses amis, les partisans de ses doctrines, les admirateurs de sa vie politique, se groupent autour de lui ; le comité d'élection s'organise ; lui-même paraît sur les *hustings* pour faire connaître ses principes et pour y jurer fidélité ; ou bien quelques éloquens amis défendent sa cause au tribunal de l'opinion publique. Il n'est point jusqu'aux dépenses de l'élection qui ne concourent à manifester son désintéressement ; n'est-il pas en effet bien beau de se ruiner, ou du moins de sacrifier des sommes énormes pour recueillir à ce prix la haine d'un ministère corrompu, les honorables outrages des journaux à sa solde, et la reconnaissance nationale ? Je n'aime pas le gouvernement anglais ; mais j'appellerai toujours une grande nation celle qui a produit les Erskine, les Burdett et les Romilly. La France a cet avantage sur l'Angleterre, que ses électeurs ne voteront jamais pour un vil intérêt pécuniaire. Laissons donc aux candidats anglais les dépenses de l'élection ; mais envions-leur cette noble estime de soi-même, cette ferme assurance dans leurs principes, qui les met à découvert aux yeux de tous les électeurs ; et que dans la terre classique de la franchise et de la loyauté, tout éligible défenseur zélé de nos libertés soit signalé par la voix publique dans nos provinces et dans la capitale, à défaut de la liberté des journaux, par la tolérance de la presse.

Si le premier devoir d'un électeur est de choisir des députés indépendans ; la position agricole, industrielle, politique ou morale de chaque département, exige des députés qu'il choisit un attachement éprouvé à ses intérêts. Il serait donc à désirer que tout candidat fût domicilié dans le département où il est élu. Mais, dans ce cas, l'on peut craindre que la députation ne remplisse point le vœu des électeurs. La Charte alors permet de chercher hors du département une honorable adoption, qui peuple la Chambre de représentans d'élite.

Cela posé, jetons un coup d'œil sur les départemens qui concourent cette année au renouvellement partiel de nos députés. Paris et Lyon se présentent les premiers pour le remplacement d'un député décédé.

La liste des candidats indépendans pour Paris, telle qu'on l'a publiée, me paraît malheureusement trop étendue. Il serait en effet plus facile à un candidat unique de réunir une imposante majorité. En reconnaissant l'indépendance de M. *Gilbert des Voysins*, et le mérite de M. *Manuel*, qui nous a donné, en 1815, des preuves d'un talent oratoire bien rare et bien précieux, et dont trois années de silence n'ont point effacé le souvenir ; en rendant toute justice à M. *Benjamin Constant*, cet infatigable défenseur de la liberté de la presse et de la véritable composition du jury, de la responsabilité des ministres, et de la sainteté des formes judiciaires en faveur desquelles il s'est élevé avec un grand courage, et quelques succès, dans le procès de Wilfrid Regnault; nous observons que M. *Tripier*, le troisième des candidats portés sur la liste, est le plus profond de nos jurisconsultes, et, sinon le plus éloquent, du moins le plus facile de nos orateurs; la défense des franchises de l'ordre des avocats, dont il avait été chargé dans la cause de son honorable ami Me Mauguin, eût préludé heureusement à la défense des franchises nationales dont il sera l'avocat le plus zélé. Riche d'une immense clientelle, vieilli sous les palmes du barreau, dont il apprécie si bien l'indépendance, il n'est point à craindre qu'il aspire jamais au siège du magistrat.

Chacun sait quelle lugubre influence fut exercée l'an dernier sur les élections du Rhône; Dieu merci, les choix seront libres cette année. L'intérêt du commerce exige que Lyon soit représenté par un commerçant. Nous désignerions M. *Bissarton*, en lui donnant pour concurrent l'avocat *Lombard*, l'aigle du barreau.

lyonnais, qui, en défendant naguère avec éloquence les rédacteurs de *la Minerve* contre quelques obscurs blasphémateurs, s'est rendu l'organe de l'opinion publique.

Les choix de Paris et de Lyon sont d'autant plus importans que les regards de la France sont fixés sur ces deux grandes cités.

Je divise les autres départemens en deux classes : départemens frontières et de l'intérieur.

Les premiers sont : le Nord, la Manche, le Finistère, la Vendée, les Landes, les Basses-Pyrénées, le Gard, l'Ain, la Haute-Saône et la Moselle.

Le département du Nord est à la fois commercial, agricole, et de plus il est la clef et le boulevart de la France. Il est donc nécessaire de nommer à cette députation au moins un militaire, le maréchal *Mortier*. Le commerce maritime pourrait désigner M. *Kœnig*, ex-maire de Dunkerque ; celui de l'intérieur, MM. *Beaussier Mathon*, *Revoire*, tous deux députés ; et M. *Bouvier*, négociant à Valenciennes ; M. *Harpin de Saint-Quentin*. Les intérêts agricoles seraient défendus par M. *Dumoulin*, propriétaire, et par M. *Fares*, ex-législateur ; sans exclusion de ceux qui auraient plus de droits que ces candidats à la confiance de leurs concitoyens.

Ne pourrait-on pas remplacer les députés actuels de la Manche, M. *Dumanoir* et de *Chantereyne*, utilement pour le commerce et l'agriculture, plus utilement pour l'indépendance des opinions, par M. *Delaville*, ancien maire de Cherbourg; le respectable M. *Asselin*, électeur en 1789; M. *Clément*, propriétaire; ou bien, dans l'intérêt des armateurs, par M. *Hottinguer*, banquier à Paris?

Le Finistère est moins agricole que le département de la Manche, mais sa situation maritime est plus florissante. S'il faut en croire aux bruits qui circulent, M. *Manuel* y serait désigné candidat par la voix publique. A côté de lui, je placerais M. *de Lamortellière*, négociant à Brest, M. *Guilhem*, négociant et ancien maire de cette ville, M. *Kerillis-Kalloch*, ancien maire de Quimper, et, s'il faut chercher dans un département voisin des modèles de véritable indépendance, le respectable M. *Toullier*, qu'on a si bien nommé le Pothier de la Bretagne, et qui, plus heureux que M. *de la Chalotais*, le ferait revivre à la tribune par son éloquence.

L'on n'ose encore assoir une opinion sur

le département de la Vendée ; les mots *union et oubli* y ont retenti sans doute ; mais tant de plaies saignent encore, tant de débris fumans attestent dans les campagnes les ravages de la guerre civile, que l'on ne peut qu'abandonner les choix aux sentimens réparateurs de ses habitans. Ils ont de la piété sans doute ; mais que la devise, *Dieu et le Roi*, fasse place dans leur cœur à celle-ci, *le Roi et la Charte*. La Charte ! Voilà l'arche d'alliance autour de laquelle ils doivent franchement se réunir à la grande famille. Ils ont combattu la tyrannie sous le masque de la liberté ; ils défendront la liberté sous ses traits véritables ; et les députés qu'ils vont nommer seront les protecteurs de l'agriculture, dont elle est la compagne naturelle, et des lumières sans lesquelles elle ne peut exister.

Le département des Landes, isolé du reste de la France, compte peu d'électeurs au milieu de ses sables et de ses grandes forêts de pins ; c'est une raison de plus pour faire de meilleurs choix. Pourquoi n'élirait-on pas dans ces contrées, à côté de M. *Clérisse de Hastings*, M. le baron *Garat*, directeur de la banque de France, dont la place est marquée à côté de M. Lafitte ?

Les Basses-Pyrénées nomment un successeur à feu M. le président *Faget de Baure*. Aucun des députés de ce département ne siége parmi les membres de l'opposition, aucun n'y représente le commerce. Nous croyons devoir désigner à l'opinion publique M. *Bastéréche*, banquier et armateur résidant à Paris.

Il est un département où les excès les plus monstrueux ont été commis, après le second retour de S. M., où le fanatisme a dirigé ses poignards contre des citoyens soumis, paisibles, industrieux; où des assassins publics, sur lesquels une proclamation royale du mois d'août 1815 appela la vengeance des lois, jouissent de l'impunité; où la tolérance et l'humanité ont le plus besoin d'apôtres, et les doctrines constitutionnelles de défenseurs. Tout ce qu'il y a de sage dans le midi, tout ce que le département du Gard possède d'électeurs amis de l'ordre et de la liberté, s'unissent pour obtenir des députés éclairés et indépendans. Ils n'oublieront point que Nîmes produisit en 1789 un *Rabaud de S. Etienne*, et qu'il fut pris dans le sein de la religion réformée. Les protestans du Gard, le tiers et la partie industrieuse de sa population, demandent aujourd'hui non des réactions, mais des garanties, non un triomphe insultant, mais la tolérance que la Charte commande. Il est de justice rigoureuse que le Gard, sur trois représentans, compte un religionnaire. Il serait même de l'intérêt public que tous ses députés fussent protestans; car trop de pacificateurs ne sauraient exister dans le pays où le besoin de la concorde se fait encore le plus sentir. Au nombre des candidats de Nîmes, la voix publique désigne M. *Pieyre* du Vigan, et surtout M. *Benjamin Constant*, qui déjà, dans *la Minerve,* a plaidé pour les protestans avec son talent accoutumé.

Les électeurs de l'Ain s'empresseront sans doute de réélire M. *Camille Jordan;* à la place de ses deux autres députés se présenteraient avec avantage M. *Girod* de l'Ain, ex-procureur général de la cour de Paris, et M. *Riboud,* président honoraire de la cour de Lyon.

Honneur à MM. *de Grammont* et *Martin-de-Gray,* députés de la Haute-Saône! Leur zèle ne se démentira pas, dans la session qui va s'ouvrir. Et ce dernier fera entendre avec plus de succès, en faveur de la liberté de la presse, cette éloquence de sentiment à laquelle ont applaudi tous les amis de la patrie.

Le département de la Moselle est à la fois

agricole et manufacturier, et sa position to-pographique le place au rang des frontières de France les plus importantes. Sa députation est à remplacer. Elle pourrait l'être utilement, pour ses intérêts militaires, par M. le général *Grenier*, le même qui fit une si belle défense en Italie en 1814 sous le prince Eugène ; et pour ceux de l'agriculture et du commerce par MM. *Barthélemy* et *Rolland*, ex-députés de l'opposition.

Les départemens du centre sont : la Sar-the, l'Indre, la Corrèze, le Tarn-et-Garonne, la Loire, la Nièvre, et le département de Sei-ne-et-Marne.

La Sarthe est située dans le voisinage des contrées qui ont le plus souffert des commo-tions politiques. Aussi, un reste d'irritation dans les esprits y a-t-il dû influer sur les élec-tions de 1816. La place de ses députés a donc été marquée à droite. Les rangs de cette op-position, il faut l'espérer, s'éclairciront chaque année. L'on n'y verra point siéger le fonc-tionnaire le plus occupé de France ; le même qui remplissait deux rôles contradictoires, ce-lui de sous-secrétaire des finances et d'inten-dant de la liste civile, disposait en faveur de la liste civile des fonds du trésor. Si les suffrages des électeurs manceaux ne sont pas fixés déjà sur des propriétaires ou des négocians que leur caractère éloigne de tout intérêt de parti, ils songeront à ne pas aggraver les occupations de M. *Lab......ie.* Si de tels fonctionnaires veulent franchement et loyalement remplir les devoirs d'un député, qu'ils s'éloignent des fonctions publiques, ou que du moins ils en abdiquent quelques-unes; s'ils n'aspirent à siéger à la Chambre que pour remplir une place au préjudice d'un défenseur des droits de la nation, nous répondrons que le nombre des députés est déjà trop restreint pour que tout ce qui tendrait à le réduire encore ne soit pas un malheur public.

La position du département de l'Indre dans le centre de la France, sur un terrain ingrat, semé de vastes pâturages, l'a peuplé de petites fabriques de gros draps et de coutellerie. Il n'a que deux députés : l'un deux, M. de *Bondi*, sera réélu sans doute; mais pourquoi l'industrie manufacturière n'y aurait-elle point ses représentans? Les électeurs de l'Indre paraissent se réunir pour confier ce poste à M. *Charlemagne*, l'un de ses plus riches négocians et de ses citoyens les plus estimés.

La Corrèze possédait jadis une manufacture

d'armes établie à Tulle, et qui sans doute n'est plus en vigueur ; il ne lui reste guère que les avantages d'un sol inégal, peu de terres culti- vées, mais beaucoup de prairies et d'immenses châtaigneraies. Les habitans y sont laborieux et d'un caractère ferme, à peu près comme dans tous les pays de montagnes. J'y vois deux dépu- tés précieux pour l'opposition indépendante, M. *Gilbert des Voisins*, candidat de Paris, et M. *Bédoch*. Nul n'a oublié sans doute les ser- vices que cet honorable citoyen a rendus à la cause de nos libertés. Il fut, en décembre 1815, auprès de Bonaparte, de la commission des cinq ; il défendit, en 1814, la liberté de la presse, l'indépendance de la cour de cassation. Il fut le rapporteur de la loi du 5 décembre sur la restitution aux émigrés des biens non vendus. Dans ce rapport, qui dura quatre heures, cet admirable orateur, improvisant la défense des amendemens libéraux faits à cette loi, fit admirer moins encore la facilité de son élocution que la force de ses raisons et l'éner- gie de ses sentimens. Le ministère s'oppose à l'élection de M. *Bédoch*. Mais si le ministère a composé nos Chambres jusqu'ici, il est temps que la nation contribue enfin à cette compo- sition, ne fût-ce que pour connaître si les

vœux de la nation ont été remplis par le ministère.

Entre la Corrèze et le Tarn-et-Garonne, on
ne trouve que le département du Lot, et l'on
dirait qu'ils sont aux deux extrémités de la
France. Un esprit casanier, quoique industrieux, des préjugés d'état comme de religion,
de la vanité et de la bonhomie : voilà le caractère des montalbanais. Le montalbanais *Ca-
zalès*, anobli de deux jours, devint, en 1790,
le Don Quichotte du parti aristocratique, qu'il
contribua à ruiner par son exagération ; et,
plus tard, le manufacturier *Jean-Bon-Saint-
André*, intrépide champion des principes ré-
publicains, fit perdre, par sa vanité, la bataille
navale du 13 prairial an 2. Devenu préfet de
Mayence, et baron de l'empire, la vanité qui
l'avait élevé à ce poste fut du moins utile à
l'humanité : il mourut vers la fin de 1813, vic-
time des soins qu'il donna aux blessés dont
cette place était encombrée par suite de nos
désastres.

Mautauban compte deux députés, l'un ex-
maire, secrétaire-général de préfecture ; l'autre
colonel de la garde à cheval de Paris : tous
deux sont respectables sans doute par leur nais-
sance et leurs qualités personnelles. L'un d'eux

apostille les pétitions de ses compatriotes avec empressement, et invoque, sur toutes celles adressées à la Chambre, l'inexorable ordre du jour, et se garderait bien de proposer ou de soutenir le moindre amendement, même de simple rédaction, à un projet de loi. Ce n'est cependant pas pour quelques intérêts individuels, c'est pour les intérêts nationaux qu'un député est élu, c'est pour protéger la tolérance religieuse dans un pays soumis à l'empire de deux cultes. Les députés montalbanais doivent donc être pris parmi les catholiques et les protestans les plus dévoués à leur patrie et à la Charte. Si je n'étais déjà rassuré sur la bonté des choix, je désignerais M. *Gay*, dont la force d'ame s'est signalée pendant tout le cours de nos orages politiques ; et M. *Combe Dounous*, savant antiquaire, publiciste distingué, ancien membre du corps législatif.

Je ne dirai rien du département de la Loire, sinon que les bruits semés par la malveillance, lors des évènemens de Lyon, sur le mauvais esprit de ce département, sont dénués de tout fondement ; et, qu'éminemment industrieux, il ne veut pour la France, comme pour lui-même, qu'une tranquillité honorable, et la garantie de la sûreté et des droits de tous. Avec ces sentimens on est sûr de la bonté des choix qui remplaceront ceux de 1816. Il faut en dire autant de la Nièvre, où je trouve deux colonels en activité à remplacer par des députés qui n'aient d'autre ambition que celle du bonheur public, ni rien à attendre des ministres que la reconnaissance *éventuelle* des utiles conseils qu'ils lui auront donnés. Ici, j'éprouve le regret que la Charte ait fixé à quarante ans l'âge d'un éligible; le nom de M. *Dupin,* aîné, avocat distingué de Paris, celui de son frère, auteur de l'énergique et vraiment française réponse à lord Stanhope, se placeraient les premiers sous ma plume. A leur défaut, je désignerai le père de ces deux excellens citoyens. Comme aussi il suffira d'annoncer que M. *Guizot,* employé supérieur au ministère de la justice, professeur à la faculté des lettres de Paris, est officiellement parti pour Nevers comme candidat ministériel.

Enfin, la députation de Seine-et-Marne, se composant d'un directeur général, d'un juge, et d'un propriétaire, a besoin d'être en partie renouvelée. A côté de M. *Ménager,* il est deux citoyens que la France verrait avec orgueil siéger parmi ses représentans. Le premier est le disciple de Francklin, l'ami et le compagnon de gloire de Washington, aujourd'hui, comme en 1778 et en 1789, le *Lascasas* de la liberté. L'aurore de la révolution le trouva à la tête de toutes les conceptions philantropiques et libérales, et le règne de l'anarchie le vit, en 1792, s'exiler loin de cette France éplorée, qu'il ne put défendre contre de vils oppresseurs. Que de fois, du haut des tours d'Olmutz, n'a-t-il point répété, dans l'armertume de son cœur, ces paroles du prophète : *Super flumina Babilonis, illic sedimus et flevimus dum recordaremur Sion !* De retour dans cette patrie adorée, ce nouveau Cincinnatus n'a été porté, par les suffrages de ses concitoyens, du champ de ses pères à la tribune nationale, que pour y faire entendre cette voix que *les vieux amis de la liberté ont reconnue*, et qui a précipité du trône l'homme des cent jours. Des suffrages plus nombreux, unanimes, peut-être, rappelleront ce vieux guerrier à la Chambre des communes, pour offrir à la France le plus courageux défenseur du trône constitutionnel. Electeur de Seine-et-Marne, je ne balancerais point à élire, après M. de la Fayette, le comte de Lasteyrie, son parent, créateur et propagateur zélé des procédés lithographiques, qu'il a spécialement consacrés à reproduire, sous le crayon des Lecomte et des Vernet, les traits les plus éclatans de la bravoure française; ou bien M. le duc de Praslin, si noble par son patriotisme; ou le général Durosnel, qui commanda avec tant de sagesse, dans les cent jours, la garde nationale de Paris; ou M. Bailly, ex-préfet du Lot.

M. Tournemine, député du Cantal, est mort dans le courant de juillet 1818. Cependant il paraîtrait qu'on n'a rien fait pour convoquer le collège électoral du Cantal; le gouvernement pourvoira, sans doute, au remplacement de M. Tournemine; et les électeurs d'Aurilhac donneront à M. Ganilh un collègue digne de lui.

J'aurais pu désigner un plus grand nombre d'éligibles dignes de siéger parmi nos députés; mais les choix que j'indique ne sont que des exemples pour les électeurs de 1818. Avec les sentimens qui doivent les animer, avec le désir de consolider le grand œuvre de notre régénération politique, ils sauront sur quels citoyens fixer un choix éclairé. S'ils l'ignoraient encore, il est temps que leurs recherches commencent. Leurs départemens sont plus riches peut-être qu'ils ne le pensent en éligibles indépendans. A leur défaut, qu'ils en demandent à la capitale, à la France entière. La patrie est une; tout ce qu'il y a en elle de Français, de courageux, de vraiment libéral, appartient à chaque département, à plus juste titre que ces prétendus modérés qui n'appartiennent qu'à eux-mêmes ; et les ultrà, que je préférerais encore, parce qu'ils ont du moins une opinion à eux. Enfin, que nos électeurs fuient la corruption comme la peste des gouvernemens représentatifs. Montesquieu a dit du gouvernement anglais : *Il périra, lorsque la puissance législative sera plus corrompue que l'exécutive.* Avis à ceux qui préluderaient à la corruption de la législature par celle des élections !

FIN.